Inhalt

Spinnen-Agenten im Einsatz

Die Lehrerin der 2b
hat eine Überraschung dabei.
„Frau Schneider, was ist denn
in der Pappschachtel?",
fragt Sophie neugierig.
„Kommt alle nach vorne,
dann zeige ich es euch!"

Die Klasse schart sich ums Pult.

„Iiiih, eine Spinne!",

kreischen die meisten.

„Die ist doch cool!", sagt Moritz.

„Finde ich auch!", meint Flo.

„Spinnen sind klug und nützlich",

erklärt Frau Schneider.

„Ihre Netze sind Kunstwerke.

Und sie fressen Schädlinge!"

Sophie rümpft die Nase.

„Ich hasse sie trotzdem", sagt sie.

„Wenn ich zu Hause eine sehe,

rufe ich sofort meine Mama.

Die tötet sie dann!"

Flo schüttelt den Kopf.

„Bestimmt sterben täglich

Hunderte von Spinnen.

Nur weil sich die Leute

vor ihnen ekeln!"

Am Nachmittag haben
Flo und Moritz eine Idee!
Auf zwanzig Zettel schreiben sie:
„Spinnen-Agenten im Einsatz!
Wer ekelt sich vor Spinnen?
Wir helfen schnell!"
Darunter schreiben sie
ihre Telefonnummern.

12

Die Freunde hängen die Zettel
in der ganzen Nachbarschaft auf.
Schon nach zwei Stunden
meldet sich eine Frau.
„In meinem Keller
sitzt eine Riesenspinne!",
sagt sie mit zitternder Stimme.
Moritz und Flo rasen los.

Sie fangen die Spinne in einem Glas
und setzen sie draußen aus.
„Ihr habt mich gerettet, Jungs!",
seufzt die Frau erleichtert.
Moritz kichert:
„Und die Spinne auch."
Zur Belohnung gibt die Frau
den Jungen drei Euro.

Nach einer Woche haben sie

schon neun Spinnen gerettet

und 22 Euro verdient.

„Echt verrückt, dass uns

die Leute so viel schenken",

sagt Moritz verwundert zu Flo.

„Stimmt", antwortet Flo und grinst.

„Aber praktisch ist es trotzdem.

Spinnenretten macht Spaß

und nebenbei werden wir

auch noch steinreich."

Die Hühner von nebenan

„Kikerikiiii!", kräht es
Sonntagmorgen um sechs.
Maja blinzelt.
„Dieses Mistvieh!", schimpft Papa.
Aber Maja mag den Gockel Gustav.
Er und seine vier Hühner
wohnen nebenan
in Frau Martins Garten.

„Bist du nicht oft einsam?",
hat Maja die alte Frau
einmal gefragt.
„Du hast ja gar keine Familie!"
Aber da hat Frau Martin gelacht.
„Gustav und die Hühner
sind doch meine Familie",
hat sie geantwortet.

Eines Tages hat Frau Martin
Krücken und ein Gipsbein.
„Was ist passiert?", fragt Maja.
Frau Martin seufzt:
„Ich bin ausgerutscht
und habe mir ein Bein gebrochen!"
Maja sieht sich um.
„Und wo sind die Hühner?"

18

Frau Martin lächelt traurig.

„Ein Mann vom Geflügelhof

hat sie abgeholt", erzählt sie.

„Mit meinem Gipsbein

kann ich mich nicht mehr

um die Tiere kümmern."

Am nächsten Morgen wird Maja

von Papas Schimpfen wach.

„Mist, schon halb acht!

Warum hat der dumme Gockel

denn nicht gekräht?"

Maja wühlt sich aus dem Bett.
„Frau Martin musste die Hühner
an den Geflügelhof verkaufen",
hört sie Mama murmeln.
„Bestimmt haben sie dort
nicht mehr lange zu leben!"
Maja stürzt ins Schlafzimmer.
„Gustav und die Hühner
dürfen nicht sterben!", ruft sie.
„Sie sind Frau Martins Familie!
Wir müssen sie retten!"

Papa blinzelt verdutzt.

„Und wie soll das gehen?"

Maja hat schon eine Idee.

„Wir holen sie zurück

und kümmern uns um sie,

bis es Frau Martin besser geht."

Majas Eltern sehen sich an.

„Ich weiß nicht", brummt Papa.

Aber am Nachmittag fahren sie
tatsächlich zum Geflügelhof.
„Nein, so was!", ruft Frau Martin,
als Maja die Tiere zurückbringt.
Dann muss sie vor Glück weinen.
Gustav und die Hühner wohnen
in ihrem alten Zuhause.
Aber von nun an kümmern sich
Maja und ihre Eltern um sie.

Zur Belohnung gibt es
jeden Tag frische Eier.
Und wenn Papa mal wieder
über Gustav schimpft, sagt Maja:
„Sei froh, dass er dich weckt.
Oder willst du vielleicht
zu spät zur Arbeit kommen?"

Der Fledermaus-Schuppen

„Raus hier,
das ist kein Spielplatz!",
poltert Bauer Riedel wütend.
Michel, Jan und Ben kommen
aus dem alten Schuppen.
„Jetzt habe ich aber genug!",
schimpft der Bauer weiter.
„Nächste Woche reiße ich
die Bruchbude ab! Basta!"

Die drei Freunde erschrecken.

„Und die Fledermäuse?", fragt Ben.

Aber Bauer Riedel antwortet nicht.

Die Jungs schlurfen davon.

Sie lieben den alten Schuppen.

Dort ist es ganz dunkel.

Der perfekte Ort

zum Versteckenspielen.

Das Beste an dem alten Schuppen
sind aber die Fledermäuse,
die in dem morschen Gebälk leben.
Leider gehört der Schuppen
dem mürrischen Bauer Riedel.
Der mag keine Kinder.
Und Fledermäuse sind ihm egal.
„Wartet mal!", ruft Ben plötzlich.
„Ich glaube, ich habe eine Idee!"

Am nächsten Nachmittag
sind die Freunde
mit einem Tierschützer verabredet.
Sie führen ihn zum Schuppen.
„Nicht zu fassen!",
sagt der Mann begeistert.
„Hier wimmelt es ja
von Fledermäusen."

Da stapft Bauer Riedel heran.

Bevor er losschimpfen kann,

ruft der Tierschützer erfreut:

„Ach, Sie müssen Herr Riedel sein.

Die Jungs haben mir schon viel

von Ihnen erzählt."

Bauer Riedel stutzt.

„Toll, dass Sie in Ihrem Schuppen

Fledermäuse nisten lassen",

fährt der Mann fort.

„Die wenigsten wissen,

dass die Tiere gefährdet sind!"

Bauer Riedel räuspert sich.

„Nun ja, äh … man tut, äh …

was man kann", stammelt er.

Der Tierschützer nickt.

„Ich werde einen Artikel

über Sie schreiben", verspricht er.

„Und wenn Sie erlauben,
würde ich Ihre Fledermäuse
in Zukunft gerne beobachten!"
Michel drängt sich vor.
„Klar erlaubt er das!", ruft er.
Bauer Riedel wird ganz bleich.
Aber er traut sich nicht
zu protestieren.

30

Einige Tage später
ist ein Bild in der Zeitung
mit der Überschrift:
„Fledermaus-Schuppen!".
Die Jungs grinsen in die Kamera.
Bauer Riedel guckt zerknirscht.
Aber das kann man nur erkennen,
wenn man ganz genau hinsieht.

Tante Mäuseschreck

Svens und Tanjas Eltern
fahren übers Wochenende weg.
Solange sollen die Geschwister
zu ihrer Tante Marta.
„Ihr seid unpünktlich!",
meckert Tante Marta
zur Begrüßung.

Die Kinder verdrehen die Augen.

Das ist typisch Tante Marta.

„Huch, was war das?", fragt Tanja.

„Eine Maus!", ruft Sven lachend.

Ratzfatz rennt die Maus

durch den Flur ins Wohnzimmer.

Sie flitzt übers Parkett

und verschwindet unterm Schrank.

Tante Marta holt einen Besen,

um sie hervorzujagen.

„Ich glaube, die kriegst du nicht",

sagt Tanja kichernd.

„Das werden wir ja sehen!",

knurrt Tante Marta.

Mürrisch stapft sie in den Keller

und holt eine Mausefalle.

Sie legt ein Stück Käse hinein

und stellt sie unter den Schrank.

„Arme Maus", flüstert Tanja.

Als Tante Marta weg ist,

raunt Sven:

„Komm, Tanja!

Wir retten die Maus

vor Tante Mäuseschreck!"

Leise gehen sie ins Wohnzimmer.

Die Maus sitzt auf dem Teppich.

„Los, mach die Terrassentür auf!",

flüstert Tanja ihrem Bruder zu.

Knarz!, macht die Tür.

Da erschrickt die Maus

und springt

hinter die Gardine.

Tanja schüttelt daran.

Ratsch! Der Vorhang zerreißt.

Die Maus flitzt über den Tisch.

„Die Sofapolster!", schreit Sven.

Er und Tanja werfen sie
auf den Boden und bauen damit
einen Gang zur Terrassentür.
Krach! Dabei fällt die Vase um.
Wie ein Pfeil schießt die Maus
durch das Wasser
und über den weißen Teppich.
Überall hinterlässt sie Tapser.

„Komm, kleine Maus!", ruft Tanja.

Sie und Sven werfen mit Kissen

und scheuchen das Tier

in den Polstergang.

„Juhuuuu!", jubeln beide,

als die Maus ins Freie flitzt.

Plötzlich steht Tante Marta

im Zimmer.

„Uaaaaaah!", schreit sie
und schnappt nach Luft.
„Die Maus ist weg!",
erklärt Tanja zufrieden.
Aber Tante Marta
freut sich trotzdem nicht.
Nur die Kinder.
Ihre Eltern holen sie nämlich ab
und sie müssen nie wieder
bei Tante Marta übernachten.

Caretta Caretta

Luisa und ihre Eltern
machen Urlaub auf Kreta.
Heute fahren sie an eine
abgelegene Bucht.
Plötzlich entdeckt Luisa etwas.
Überall im Sand stecken
kleine Käfige aus Draht.

Vorsichtig klopft Luisa
mit ihrer Schaufel daran.
„Stopp, stopp!", ruft da jemand.
Erschrocken dreht sich Luisa um.
Ein Mann und eine Frau
in gelben T-Shirts rennen herbei.
„Caretta Caretta!", schreien sie.
Dabei fuchteln sie mit den Armen.

„Hä?", macht Luisa verdattert.

Zum Glück kann Papa

sich mit ihnen

auf Englisch unterhalten.

„Was ist denn?", will Mama wissen.

„Tja, diese Bucht wird

für andere Gäste frei gehalten",

erklärt Papa.

„Wir müssen woandershin!"

Luisa ist empört.

„Wer bucht denn

einen ganzen Strand für sich?"

Enttäuscht packt sie

ihr Sandspielzeug ein.

Am nächsten Morgen weckt Papa

Luisa ganz früh.

„Ich habe eine Überraschung",

flüstert er geheimnisvoll.

Papa fährt mit ihr und Mama
zu der abgelegenen Bucht.
„Sind die anderen Gäste nun weg?",
murmelt Luisa verschlafen.
Der Mann und die Frau
mit den gelben T-Shirts
sind auch wieder am Strand.
Dieses Mal winken sie freundlich.

Da reißt Luisa die Augen auf.

Hunderte winzige Schildkröten

krabbeln durch den Sand ins Meer.

„Caretta Caretta sind

Meeresschildkröten", erklärt Papa.

„Sie verbuddeln ihre Eier im Sand.

Die Drahtkäfige haben sie

vor Hunden geschützt.

Heute Nacht

sind die Babys geschlüpft."

Luisa staunt.

Der Mann und die Frau
sind Tierschützer.

Ihre Augen glänzen vor Freude.

Jetzt weiß Luisa, für wen sie
den Strand frei gehalten haben.

„Caretta Caretta", sagt sie
und deutet zum Strand.

Die beiden nicken
und strahlen Luisa an.

46

Eine Belohnung für Samson

Frida und ihr Hund Samson
laufen durch die Nachbarschaft.
Es ist kalt und windig.
Plötzlich spitzt Samson die Ohren.
Auch Frida hat etwas gehört:
eine Art Wimmern.
„Das hört sich unheimlich an",
flüstert Frida ängstlich.

„Los, wir kehren lieber um."
Aber Samson drängt weiter
und reißt Frida mit sich.
„Samson, bleib stehen!"
Der Hund hört einfach nicht.
Er zieht Frida in einen Hinterhof.
Mit der rechten Vorderpfote
scharrt er an einer Mülltonne.
„Wuffwuffwuff!", bellt Samson.

Frida schluckt.

Ihre Hand zittert.

Vorsichtig hebt sie den Deckel,

beugt sich nach vorne und sieht ...

eine kleine zerzauste Katze.

Sie schreit kläglich.

„Armes kleines Ding",

sagt Frida zärtlich

und nimmt das Kätzchen hoch.

Sie trägt es nach Hause,

rubbelt es trocken und füttert es.

Anschließend hängt sie

in der Nachbarschaft Zettel auf.

„Kätzchen gefunden",

steht darauf.

Und Fridas Adresse.

Etwas später klingelt ein Junge

mit seiner Mutter an der Haustür.

„Habt ihr Muck gefunden?", fragt er
und zeigt Frida ein Foto.
Tatsächlich!
Das ist das Kätzchen.
Der Junge ist überglücklich.
Seine Mama will Frida
zehn Euro schenken.
„Als Finderlohn", erklärt sie.

Aber Frida schüttelt den Kopf.

„Eigentlich hat Samson
Muck gerettet", sagt sie.

„Verstehe", sagt die Frau lächelnd.

Eine Stunde später
klingelt es wieder.

Dieses Mal hat der Junge
einen Hundeknochen dabei.

„Für Samson, den mutigsten
Tierretter der Welt", sagt er.

Frischer Tintenfisch

Nino und Pepe spielen am Hafen.

„Hohooo!", ruft der Fischer Carlo.

„Schaut, was ich gefangen habe!"

In Carlos schwarzem Eimer

schwimmt ein riesiger Tintenfisch.

„Sieh dir die Fangarme an!",

sagt Pepe staunend.

„Und die Saugnäpfe!", meint Nino.

„Ich werde ihn ins Aquarium
in der Stadt bringen.
Dort können ihn dann
alle Leute besichtigen."
Als die Jungen später
am Ufer entlanglaufen,
bleibt Nino plötzlich stehen.
„He, lies doch mal!", ruft er.
Pepe bekommt große Augen.

„Heute: frischer Tintenfisch",
steht auf der Tafel des Lokals.
„Das ist kein Zufall", sagt Pepe.
Nino schüttelt den Kopf.
„Bestimmt hat Carlo viel Geld
vom Koch Toni bekommen",
meint er verzweifelt.
„So eine Gemeinheit!"
Auf einmal erspähen die Jungen
einen schwarzen Plastikeimer.

Etwas platscht darin.

„Na, was wollt ihr hier?",

poltert eine laute Stimme.

Koch Toni steht in der Tür.

„Wir ... äh ... sollen einen Tisch

für unsere Eltern bestellen!",

lügt Pepe schnell.

„Genau", macht Nino mit.

„Haben Sie noch vier Plätze

für heute Abend frei?"

Toni kratzt sich am Kopf.

„Da muss ich erst nachsehen",

brummt er und verschwindet.

Die Jungen blicken sich an.

„Jetzt!", zischt Nino.

Er und Pepe stürmen los

und schnappen sich den Eimer.

„Ganz schön schwer", ächzt Pepe.

Die Freunde schleppen
den großen Tintenfisch
über die Straße zum Meer.
„Eins, zwei, drei!", ruft Nino.
Er und Pepe kippen den Eimer aus.
Mit einem lauten *Platsch!*
landet der Tintenfisch im Wasser.

„Um acht ist noch ein Tisch frei!",
ruft der Koch aus seinem Lokal.
„Sagt euren Eltern, heute gibt es
etwas besonders Feines:
frischen Tintenfisch!"
Die Jungen grinsen sich an.
„Die mögen lieber Pizza!",
antwortet Nino.
Dann laufen er und Pepe
lachend nach Hause.

ENDE

Annette Moser wurde 1978 in Hamburg geboren und arbeitete nach ihrem Studium mehrere Jahre als Lektorin in einem Kinder- und Jugendbuchverlag. Heute lebt sie mit ihrer Familie in Nürnberg und schreibt leidenschaftlich gern Kinderbücher.

Carola Sturm, geboren 1965 in Berlin, war schon als Kind von Bilderbüchern fasziniert und liebte das Malen. Sie studierte Kommunikationsdesign mit Schwerpunkt Illustration. Seit 1994 arbeitet sie freiberuflich als Illustratorin und malt am liebsten für Kinder. Ihre schönsten Bild-Ideen hat sie bei langen Hundespaziergängen durch die Natur.

ISBN 978-3-7855-7775-2

ISBN 978-3-7855-7977-0

ISBN 978-3-7855-8078-3

ISBN 978-3-7855-7869-8

ISBN 978-3-7855-7554-3

ISBN 978-3-7855-7729-5

Die Reihe *Lesepiraten* bietet viele tolle Geschichten für
Erstleser ab 7 Jahren. Die klare Textgliederung in Sinnzeilen
garantiert ein müheloses Erfassen des Inhalts und ermöglicht
so auch weniger geübten Lesern ein schnelles Erfolgserlebnis.
Zahlreiche farbige Illustrationen sorgen darüber hinaus
für ausreichend Lesepausen. Also, Schiff ahoi mit den
Lesepiraten – das Meer der Geschichten wartet!